DÉFINITION — OBJET

IMPORTANCE DE L'APOLOGÉTIQUE

PAR

L'ABBÉ ANGLADE

Docteur en Théologie
Vicaire à Paris

PARIS

...TON, LIBRAIRE-ÉDITE...

85, RUE BONAPARTE, 85

(Près Saint-Germain-des-Prés)

1888

L'APOLOGÉTIQUE

ÉMILE COLIN — IMPRIMERIE DE LAGNY

L'APOLOGÉTIQUE

DÉFINITION — OBJET

MÉTHODE — IMPORTANCE DE L'APOLOGÉTIQUE

PAR

L'ABBÉ ANGLADE

Docteur en Théologie

Vicaire à Paris

PARIS

RENÉ HATON, LIBRAIRE-ÉDITEUR

35, RUE BONAPARTE, 35

(Près Saint-Germain-des-Prés)

1888

—

PRÉFACE

AU LECTEUR

L'ennui est la grande maladie de la vie, a dit un homme d'esprit de ce siècle.

Aussi, pour ne pas fatiguer votre attention, cher lecteur, je vous offre ici un tout petit livre sur l'apologétique, divisé en quatre chapitres.

Le premier chapitre donne la définition de cette science; le deuxième nous fait connaître le but qu'elle poursuit; le troisième, la méthode qu'elle emploie de préférence; le quatrième, son importance en tout temps et surtout à notre époque.

Quoi de plus digne et de plus beau que de savoir défendre sa raison et sa foi devant les faux savants, devant les esprits faux, frivoles, ignorants ou passionnés qui osent ou oseraient les attaquer? Quoi de plus beau et de plus noble que de savoir montrer, à la face du monde, avec l'Apôtre saint Paul et avec tous les hommes de génie, de talent et de bon sens, c'est-à-dire avec tous les hommes vraiment sérieux et bien équilibrés dans leurs facultés intellectuelles, que notre foi est raisonnable et mérite seule d'être suivie??

Et voilà les conclusions que vous vous empresserez de tirer vous-même, cher lecteur, de ce petit livre. Vous serez peut-être même surpris d'avoir fait souvent de la philosophie pratique et raisonnable sans le savoir, d'avoir fait souvent de l'apologétique sans y penser, grâce à la saine ou droite raison et à la foi catholique que vous avez toujours aimées.

Mais la lecture attentive de ce petit livre peut être aussi très utile à ceux qui désirent aller ou revenir à la foi catholique en suivant la saine ou droite raison et l'impulsion de la grâce divine, en sortant enfin de cet immense tourbillon d'opinions ou de doctrines plus ou moins fausses, plus ou moins ridicules, plus ou moins contradictoires ou absurdes qui remplissent, fatiguent et corrompent le cerveau de ce qu'on appelle avec emphase la libre pensée.

L'APOLOGÉTIQUE

CHAPITRE PREMIER

Définition de l'apologétique. — Que faut-il entendre par apologétique?

Le mot apologétique dérive du mot apologie, en grec Ἀπολογία, qui signifie éloge ou plutôt discours justificatif.

L'apologétique, en général, est l'art de justifier quelqu'un, ou de faire l'éloge de quelqu'un, de quelque chose. C'est aussi l'art de défendre une doctrine, d'exposer sa valeur intrinsèque et extrinsèque, tout en réfutant hardiment les erreurs qui l'attaquent.

C'est ainsi que de nos jours nous avons vu l'apologétique faire de grands progrès et transformer des prolégomènes ou de simples préfaces, sous la plume habile et savante d'un Brugère, d'un Glaire, d'un

Vigoureux, d'un **Maret**, d'un Fontaine en véritables traités où la droite raison, la foi et la science peuvent puiser à pleines mnins.

D'autres disent, avec l'abbé de Broglie, que l'apologétique est une *science spéciale destinée à présenter à chaque génération humaine, en face d'erreurs ou de difficultés toujours nouvelles, la démonstration de la Vérité du Christianisme.*

Monseigneur Freppel pense que ces erreurs ou difficultés sont bien plus nouvelles quant à la forme que dans le fond. De là il conclut avec raison que bien des réponses faites par les apologistes des premiers siècles aux attaques des partis religieux politiques ou philosophiques contre la révélation et l'Eglise catholique peuvent, avec quelques légères modifications, être employées encore de nos jours. « A chaque pas, dit-il, le Sauveur, dans l'Evangile, est obligé de faire son apologie... Pharisiens, Sadducéens, Hérodiens, tous les partis religieux et politiques se réunissent contre lui pour incriminer sa vie entière, et c'est avec une patience toute divine qu'il descend jusqu'à eux pour justifier ses actes et défendre sa doctrine.

L'apologétique chrétienne prend donc son point de départ dans l'Evangile où le divin Sauveur l'a consacrée par son exemple.

L'Eglise catholique ne retracerait pas l'image de l'Homme-Dieu, elle ne serait pas son expression sociale, son prolongement historique à travers l'espace et le temps, si elle ne partageait avec lui la gloire d'être attaquée et la nécessité de se défendre. Cette lutte perpétuelle est un des traits caractéristiques de son histoire.

Nous pensons, comme monseigneur Freppel, qu'il faut bien comprendre dans notre esprit ces diverses luttes de la vérité religieuse ou de la droite raison et de la foi contre les attaques si diverses de l'erreur et du mal pour bien comprendre le sens du *mot apologétique,* pour l'*entendre exactement* comme il est dit ci-dessus. L'apologétique est donc l'art de démontrer la vanité des attaques de l'ennemi contre le christianisme et de faire valoir en même temps la beauté incomparable de cette religion; c'est la science spéciale qui répond aux diverses insanités du mal et de l'erreur pour défendre la saine raison et la foi catholique et en montrer la beauté indestructible à la face du monde.

CHAPITRE II

Objet de l'apologétique. — Préciser le sens de cette phrase : « L'apologétique a pour but de poser et de défendre les fondements de la foi. »

Après les triomphes de l'Eglise catholique sur le paganisme romain, sur les hérésies qui parurent alors, sur les excès de la société féodale et sur le mahométisme, sur le protestantisme si excentrique, si ennemi de la saine raison et de la foi, sur le philosophisme, si égoïste, si faux et si frivole du dernier siècle, on aurait pu penser que cette Eglise, sortant victorieuse de ces luttes séculaires et gigantesques, n'avait plus qu'à se reposer au sein de ses triomphes, en montrant au monde ses admirables victoires pour faire son apologie, pour prouver la vérité et la stabilité divine de sa foi.

Mais l'opposition faite par Satan à la droite raison

et à la vraie foi ne meurt pas, ne désarme pas. Elle livre une nouvelle bataille à la vérité sur toute la ligne, elle attaque de tous côtés le bon sens, la droite raison, la foi catholique ; elle s'en prend surtout aux fondements de cette foi ; elle invente les systèmes les plus absurdes ou les plus excentriques pour bouleverser l'histoire de l'humanité et du globe terrestre, mais en réalité pour attaquer la vérité, pour entraîner dans une confusion suprême, inextricable, le bon sens, la droite raison et la vérité religieuse.

Mais l'Eglise catholique, que son divin et tout-puissant Fondateur a promis de conduire, jusqu'à la consommation des siècles, à travers les vicissitudes de ce bas monde, est toujours debout devant cette coalition des forces ennemies, elle est toujours prête à défendre le bon sens, la droite raison et la vraie foi en repoussant de nouveau les erreurs qui les attaquent, elle est toujours prête, s'écrie ici Monseigneur Freppel, à faire, peut-être pour la centième fois, son apologie à la face du monde.

En refaisant cette apologie dans les catéchismes de persévérance et même dans les catéchismes ordinaires, dans ces petits livres qui offrent une solution à toutes les questions philosophiques, comme l'avouait Jouffroy l'éclectique, en refaisant cette apologie dans les catéchismes, dans les chaires et dans les académies, dans les journaux et revues catholiques et jusque dans les conversations particulières, l'Eglise affermit la foi de ses enfants et prépare la conversion de ses adversaires.

C'est ainsi que l'apologétique pose et protège les fondements de la foi.

Et les philosophes modernes, qui fondaient sur la religion naturelle toutes leurs espérances et qui refusaient de reconnaître, comme l'antique Platon, l'insuffisance de cette religion et la nécessité d'une religion positive et surnaturelle, sont complètement déconcertés par les audaces toujours croissantes du matérialisme et de l'athéisme qui forment en réalité la morale indépendante, mise par quelques sophistes ou sectaires au service de quelques bandes d'intrigants, de voleurs ou de farceurs.

Ces philosophes sont enfin livrés au ridicule par les masses matérialistes et leurs chefs qui couvrent de mépris les fondements de leur religion simplement naturelle, tels que la foi en l'existence de Dieu, la foi en l'existence et en l'immortalité de l'âme. Et ces pauvres philosophes, ces pauvres savants errent dans le vide du scepticisme universel et n'osent regarder l'avenir. Ils n'osent pas même s'élever contre ces folies du matérialisme et de l'athéisme!!

C'est ici que l'apologétique vient à leur aide pour

relever en eux le bon sens et le sens moral, en con-
damnant, en livrant au mépris de la saine raison les
folies du scepticisme et toutes les absurdités plus ou
moins philosophiques de la fausse science et de la fausse
sagesse. Après avoir ramené à la saine raison ces
pauvres égarés, l'apologétique leur ouvre un port as-
suré contre les nouvelles tempêtes en les faisant entrer
dans l'Eglise catholique dont le chef suprême est toujours prêt à défendre la religion positive et surnaturelle aussi bien que la religion ou loi naturelle qui fut
du reste éclairée par la révélation primitive.

Et les savants sérieux, et les philosophes sincères,
et tous les esprits honnêtes s'empressent d'accourir
vers ce pontife suprême et universel, sous la conduite
de l'apologétique qui relève, pose et protège ainsi les
fondements de la foi dans ces pauvres âmes.

Voilà pourquoi les hommes intelligents et consciencieux, les chefs des peuples mêmes hérétiques et
schismatiques, même païens et musulmans se dirigent
maintenant vers la seule religion positive vraie et
capable de satisfaire à la fois le cœur et la raison, vers
la religion catholique dont le chef suprême reçoit
depuis quelques jours les saluts, les présents, les
lettres des représentants des divers peuples du
monde.

C'est ainsi enfin que l'apologétique pose et protège

les fondements de la foi en montrant à tout l'univers,
dans cet éclat resplendissant, le pontife plein de sagesse
et de foi qui gouverne l'Eglise catholique en qualité
de successeur de saint Pierre et de Notre-Seigneur
Jésus-Christ.

CHAPITRE III

De la méthode à employer dans l'apologétique : de la méthode
d'*exposition* et de la méthode de *discussion*.

C'est un immense soupir d'espérance que le monde
pousse de tous côtés vers cette autorité suprême,
infaillible et toujours vigilante qui apparaît au sommet
de l'Eglise catholique.

Et comment pourrons-nous aider les âmes de bonne
volonté, les esprits avides de vérités incontestables à
entrer dans ce grand mouvement?

En montrant d'abord le plus profond respect pour
cette autorité infaillible et pour les dogmes qu'elle a
déjà définis comme révélés de Dieu, et qui doivent servir de nourriture à nos âmes et à tous les esprits
avides de vérités incontestables, en employant surtout
la *méthode d'exposition* pour les questions qui ne sont

pas encore tranchées et que l'Eglise résoudra, *quand son heure sera venue*.

L'Eglise catholique, comme on peut le voir par certaines paroles de Pie IX et du concile œcuménique du Vatican, a toujours soutenu le libre arbitre, la vraie liberté dans le monde contre les fatalistes et tous les adversaires directs ou indirects du mérite, du progrès raisonnable et sérieux, de la vraie science qu'elle propage avec tant d'énergie à travers les âges.

Voilà pourquoi aussi cette Eglise, qui est conduite à travers les siècles par la main invisible et toute-puissante de Celui qui se nomme, dans les Saintes Ecritures, Dieu, le père des sciences, *Pater scientiarum Deus*, a toujours entendu et entend toujours garder sa liberté dans les questions controversées et ne trancher ces questions que lorsqu'elle le jugera à propos dans sa divine sagesse.

Ainsi Dieu, qui est à la fois le père suprême des sciences et de l'Eglise, attend avec une admirable patience les progrès *bien lents et bien tardifs* de ces sciences pour humilier sans doute certains savants dans leur orgüeil parfois si ridicule, dans leurs contradictions inextricables, dans leur superbe scepticisme, dit *scientifique*.

Et Dieu, dans sa patience adorable, est heureux en même temps d'offrir à ces rares esprits, quand l'orgueil ne les aveugle pas tout à fait, un port à l'abri de toutes les tempêtes dans son Eglise catholique où le progrès s'accomplit sous son regard divin bien qu'invisible, progrès qui consiste, non pas dans un changement, mais comme le pensait saint Vincent de Lérins et avant lui saint Hilaire de Poitiers dans le développement, dans l'approfondissement à travers les siècles de la doctrine révélée contenue dans les sources divines de l'Ecriture Sainte et de la Tradition.

Oui, ce qu'on appelle science bat souvent la campagne et c'est l'Eglise catholique qui l'a ramenée ou qui la ramène aux conquêtes vraiment sérieuses e l'aidant à les conserver et à les développer dans l'ordre et la raison, comme on peut le voir dans les admirables études que l'apologétique a faites depuis quelque temps.

Cependant il ne faut pas appliquer l'expression de *méthode progressive* ou de progrès à la religion, à la doctrine révélée, sans en bien déterminer le sens, comme nous venons de le faire, à l'instar de saint Vincent de Lérins et autres saints et illustres Pères.

Car, sous prétexte de vouloir ramener à la foi, au nom du progrès ou de la méthode progressive, quelques esprits superbes, égarés dans le scepticisme dit scientifique, on finirait souvent de troubler l'intelligence de ces pauvres savants qui ignorent si complètement les questions religieuses et confondent l'exposition franche, nette et facile, le développement sérieux et logique, à travers les âges, d'une vérité révélée, sous le regard infaillible de l'Eglise catholique, avec le progrès de la physique, de la chimie et de l'industrie moderne.

C'est ainsi qu'un ancien doyen de la Faculté des lettres de Paris nous parut profondément surpris ou scandalisé en entendant parler de *méthode progressive,* de progrès du dogme, c'est-à-dire, du développement logique et catholique de la vérité révélée, à travers les siècles, ce qui ne constitue cependant aucun changement dans le fond et laisse à la parole du pape saint Etienne toute sa force admirable : *Nihil innovetur, nisi quod traditum est...*

Ce pauvre doyen, civil ou laïque, loin de se laisser entraîner par les mots de progrès ou de méthode progressive en cette occasion, déclara qu'il ne comprenait pas, malgré son érudition, qu'on pût les appliquer à la religion.

Ce n'est donc qu'avec *prudence* qu'il faut employer en ces matières les expressions de *méthode progressive,* de *progrès,* comme l'ont du reste toujours fait les apologistes vraiment sérieux, après avoir d'abord bien déterminé le sens catholique de ces mots, de ces expressions.

La méthode en général est la manière de dire, de faire, d'enseigner une chose, suivant certains principes et avec un certain ordre.

Or la méthode d'exposition, méthode patiente, conservatrice et active à la fois, nous paraît préférable à la méthode de dicussion pour la plupart des esprits que l'ignorance religieuse éloigne de l'Eglise, comme le doyen dont nous venons de parler, beaucoup plus que le rationalisme moderne, si dépourvu d'arguments sérieux et si plein de contradictions.

C'est la méthode qu'emploie le fameux Bossuet lui-même, après avoir usé avec tant d'éloquence et de génie de la méthode de discussion. Oui, après avoir accablé ses adversaires protestants sous le poids de ses éloquentes discussions historiques et théologiques, il s'aperçut qu'il n'avait converti personne.

C'est alors qu'il comprit que, pour convertir ses adversaires, il fallait leur donner un *exposé* simple et calme de la doctrine catholique, c'est-à-dire, leur faire le catéchisme. Il le fit et avec un plein succès.

Nous emploierons donc de préférence la *méthode d'exposition*, sous le regard suprême et vigilant de l'Eglise catholique, sans exclure cependant la méthode de discussion ni la méthode d'érudition qui fait du reste partie de la précédente.

C'est l'apôtre saint Paul, que saint Chrysostome

proclame le modèle des orateurs, qui savait parfaitement se servir de la méthode d'exposition sans négliger la méthode de discussion et d'érudition avec laquelle il renversait incidemment les objections de ses adversaires, comme on peut le voir dans l'admirable discours qu'il prononça devant l'Aréopage à Athènes ou dans ceux qu'il prononça devant le gouverneur romain de Jérusalem pour combattre les Pharisiens et les Sadducéens, ses adversaires, qu'il sut si bien diviser et confondre par son érudition, par son habile courage et surtout par son talent d'exposition. C'est là qu'on le voit se glorifier, pour confondre les Sadducéens, d'avoir été élevé par Gamaliel, le plus savant des Juifs et le plus illustre des Pharisiens, qui devait du reste, à l'exemple de son fameux élève, se convertir un jour et compter parmi les saints de l'Eglise catholique, apostolique et romaine.

Ainsi en employant de préférence la méthode d'exposition dans l'apologétique, nous serons soutenus par l'exemple d'illustres et saints personnages qui se servaient en outre, avec une habileté et une éloquence admirables, de ce qu'on a appelé la méthode *ascendante*, et la méthode *descendante*, selon que leur manière de démontrer la vérité partait de la profonde misère de l'homme ici-bas pour arriver à la chute originelle et à la nécessité de la révélation positive ou que leur manière de raisonner partait de ces vérités primitives ou déjà démontrées pour descendre jusqu'au remède suprême, jusqu'à l'Homme-Dieu.

CHAPITRE IV

Importance de l'apologétique. — Quelle est en tout temps, et surtou/
de nos jours, l'importance de l'apologétique ?

On voit déjà par tout ce que nous venons de dire quelle est l'importance de l'Apologétique en tout temps et surtout de nos jours, puisque le divin Sauveur, l'Homme-Dieu lui-même nous est apparu dans l'Evangile faisant l'apologie de sa doctrine et de sa personne, apologie que son Eglise continue avec la même énergie, la même prudence, la même charité à travers les siècles.

En effet, après les apologies faites par l'Homme-Dieu, par les Apôtres, par les disciples immédiats des Apôtres, apologies conservées dans les Evangiles et dans les Epîtres ou dans des lettres et des écrits pleins de foi et de charité, apologies presque toujours mar-

quées du sang des martyrs, l'importance de l'Apologétique, loin de baisser, grandit tout à coup sous l'action
de divers philosophes, convertis au christianisme.

C'est alors qu'apparaissent les grandes apologies
présentées directement aux maîtres du monde greco-
romain par des apologistes admirables de foi, de
science, d'intrépidité tels que Quadratus, Aristide,
Origène, Clément d'Alexandrie et surtout saint Jus-
tin, le philosophe devenu chrétien, qui ne craint pas
d'aller à Rome présenter lui-même l'apologie de sa
nouvelle foi aux maîtres du monde, tout en *gardant le
manteau de philosophe* pour donner plus de poids à sa
défense, tout en faisant voir dans son fameux discours
aux Grecs, *Cohortatione ad Græcos*, le vide et les contradictions de la philosophie gréco-païenne, ainsi que
l'absurdité et l'immoralité révoltante du polythéisme.

Ce philosophe, devenu chrétien, met le sceau à des
apologies si hardies en mourant martyr de sa foi en
l'Homme-Dieu, au Christ-Dieu.

Un autre philosophe, converti au christianisme,
saint Sixte devient Pape, donne sa vie pour la même
foi et pour sauver la liberté suprême de l'Eglise et
nous montre toute l'importance de l'Apologétique en
action dans ce touchant dialogue qu'il eut avec son
jeune ami et disciple, saint Laurent, en marchant au
martyre avec une patience incomparable.

L'Apologétique ne peut désarmer dans les siècles suivants. Son importance apparaît de plus en plus dans les luttes qu'elle est obligée de soutenir contre le monde ou contre les hérésies et les schismes qui voudraient corrompre l'Eglise et sa doctrine.

Les Conciles généraux, les conciles particuliers, les théologiens, les prédicateurs, les Papes constituent à travers les siècles et le monde une armée innombrable et admirable d'apologistes qui veillent perpétuellement sur le dépôt sacré pour le soustraire à la fureur de l'ennemi.

C'est en vain que cet ennemi, que cet antique Satan ouvre au XVIe siècle avec le Protestantisme toutes les écluses de l'erreur sur le monde moderne. Oui, Satan ne réussit qu'à faire donner plus de force, plus d'énergie à la défense, qu'à faire rayonner partout la force et l'importance de l'apologétique. Ainsi le Concile général de Trente, si savant, si puissant par l'érudition et la foi, unit l'apologétique la plus claire et la plus digne à la théologie la plus profonde dans les admirables chapitres qui précèdent ses décisions doctrinales et infaillibles.

Et ces chapitres si beaux vont servir de sources fécondes à des apologistes à jamais célèbres, tels que saint Charles Borromée, saint François de Sales, Huet, le savant évêque d'Avranches, Bossuet, dont le

Discours sur l'histoire universelle n'est pas seulement un chef-d'œuvre d'apologétique chrétienne , mais encore un chef-d'œuvre incomparable de style, le chef-d'œuvre de *la prose française*, au dire même de M. Nisard et de nos modernes académiciens.

On voit enfin dans le dernier siècle de prétendus philosophes, pleins d'égoïsme, de vanité, de frivolité, de fausseté ou d'hypocrisie, de corruption bruyante, se maudire à qui mieux mieux les uns les autres. Voltaire maudit Rousseau et les écrivains moins importants qu'il traite de sots, d'imbéciles, de Hurons, de sauvages, après les avoir quelquefois traités d'anges, d'esprits sublimes. Rousseau répond à Voltaire et aux petits chercheurs de renommée, autrement dits philosophes, en les comparant à une troupe de charlatans, criant chacun de son côté sur la place publique: *Venez à moi, c'est moi seul qui ne trompe pas! C'est moi seul qui dis la vérité!* On voit enfin, dis-je, dans le dernier siècle, tous les prétendus philosophes mettre le comble au déluge de maux répandus dans le monde par le Protestantisme, leur ancêtre, en mettant tout en doute, même la propriété particulière ! ! !

Et c'est alors qu'apparaît à tous les esprits un peu sérieux et honnêtes l'importance de l'apologétique. Car dès lors l'apologétique s'étend à tout pour arracher la civilisation à un naufrage inévitable, au monstre révolutionnaire qui n'épargne rien. C'est alors que l'on voit Chateaubriand, sans prétendre être un théologien exact et rigoureux, faire appel à la droite raison, à la tradition historique et catholique, à l'amour du beau dans les lettres, dans les arts, dans la vraie science, pour ramener le monde à l'Eglise à la suite de Raphaël, de Michel-Ange, de Murillo, de Rubens, de Bossuet, de Fénelon, de Racine, de Corneille, de Léon X, de Charles-Quint, de Louis XIV.

Un autre célèbre pèlerin de Paris à Jérusalem, le vainqueur des Pyramides et du Thabor, comprit d'abord parfaitement la pensée admirable du grand écrivain catholique et fit même, à son exemple, de l'apologétique chrétienne et sociale, en rouvrant les églises, en comblant d'honneurs le chef suprême de la religion... Mais ensuite !! Hélas!!!

C'est à la suite de ces chutes gigantesques que l'on vit Mgr. de Frayssinous, après d'intéressants catéchismes de persévérance, donner une bien grande importance à l'apologétique, en la portant en chaire devant le grand public de la capitale, et inaugurer avec un plein succès ces Conférences admirables que des orateurs, tels que le père Lacordaire, le père de Ravignan, le père Félix, le père Montsabré devaient un jour faire apprécier et goûter de tous les esprits d'élite du monde.

Le nouvel *apologiste de la religion*, comme l'appelait

le cardinal Maury, l'orateur suscité par la Providence pour confondre l'incrédulité, comme disait Lamennais encore catholique, produisit une immense impression sur la jeunesse française, si avide de vérité, si dégoûtée des mensonges du Protestantisme et du philosophisme, si heureuse enfin de trouver un chef tel que Mgr de Frayssinous pour la conduire sûrement à l'assaut du matérialisme et de l'athéisme qui avaient failli dévorer la France.

Voilà donc une magnifique voie ouverte à l'apologétique de nos jours dès l'origine du XIXe siècle. Elle va être parcourue brillamment par un grand nombre d'orateurs sacrés en France et, à l'étranger, par des savants consciencieux qui fouilleront avec soin les ruines de Thèbes et de Memphis, de Babylone et de Ninive et les débris historiques de l'Extrême-Orient qui viennent ou viendront déposer, comme la grande pyramide, en faveur de la vérité biblique et chrétienne.

Des hommes célèbres dans les sciences tels que Cauchy, tels que Leverrier, qui fut une grande intelligence servie par une grande volonté, sont heureux de vivre ou du moins de mourir dans la foi catholique et deviennent ainsi les apologistes de la vérité religieuse parmi les esprits supérieurs qui s'occupent d'astronomie ou de mécanique céleste.

Aux noms que nous avons déjà cités nous devons ajouter quelques noms empruntés à l'étranger, tels que ceux de Wiseman et de Newmann, et de Manning et de Gibbons, et de Mœlher avec son admirable *Symbolique*, et de bien d'autres qui appartiennent à la philosophie chrétienne plutôt qu'à la chaire, tels que Mgr. Maret, parmi nous, qui a réduit à néant le panthéisme germanique.

On pourrait encore citer, parmi nous, l'abbé Gorini, qui a répondu avec tant de calme, de vérité et de science aux mensonges historiques des ennemis de la saine raison et de la foi, l'abbé Moigno qui a rendu les mêmes services à la vérité et à l'humanité en rendant à la foi catholique des savants égarés par l'orgueil dans le scepticisme, dit scientifique, mais qui est profondément absurde ou déraisonnable.

L'apologétique, qui parcourt ainsi notre siècle d'un pas triomphal, acquiert chaque jour plus d'importance.

L'esprit de l'erreur et du mal, en soufflant partout l'impiété, la haine et la confusion, n'a réussi en effet qu'à faire voir l'inanité des fausses religions, incapables de résister à de pareilles attaques et surtout à l'argumentation logique, savante, éloquente que l'apologétique chrétienne et catholique déploie avec tant de succès dans les chaires de théologie, dans les catéchismes de persévérance, dans les chaires des cathédrales et même dans les chaires ordinaires, dans des journaux, dans des revues, dans des écrits admirables d'à-propos et de bon sens, dans les assemblées délibérantes où des hommes tels que Daniel O'Connell travaillent avec une éloquence incomparable à la résurrection de tout un peuple, en travaillant jusqu'au dernier soupir au triomphe de la saine raison, de la justice pour tous et au triomphe de la vraie foi, la seule qui puisse définitivement sauver la civilisation et donner la paix au monde.

Et voilà pourquoi les chefs des peuples et tous les hommes intelligents et honnêtes du monde, sentant le terrain manquer sous leurs pas et l'abîme social s'ouvrir de plus en plus sous les efforts de l'antique Satan et de ses modernes suppôts, se tournent avec un respect plein de confiance vers l'apologiste suprême de la vraie foi, vers le Pape Léon XIII qui leur donne à tous de bons conseils et qui peut les leur donner avec beaucoup de douceur, d'à-propos, de sagesse et de dignité. Car l'Eglise catholique, admettant toutes les formes de gouvernement et comptant dans son sein des républiques, des royautés, des empires, son chef suprême apparaît dès lors au-dessus de tous les partis, avec les divers membres qui composent cette Eglise dans tout l'univers. Dès lors aussi, quiconque persécute les catholiques, en tant que catholiques, commet une injustice flagrante. A plus forte raison celui-là commet une injustice flagrante qui persécute le Pontife suprême de la foi catholique, le Pontife suprême de la paix universelle.

Et voilà pourquoi encore tout le monde se dirige aujourd'hui vers ce suprême apologiste, vers cet admirable Vicaire de l'Homme-Dieu sur la terre, qui sait si bien préparer les esprits à croire par un enseignement plein de sagesse avant de porter des décrets de foi comme docteur universel, comme successeur de saint Pierre et de Notre-Seigneur Jésus-Christ.

Tous ces faits, et bien d'autres que nous pourrions rappeler, prouvent clairement quelle est, en tout temps et surtout de nos jours, l'importance de l'Apologétique.

L'abbé ANGLADE,

DOCTEUR EN THÉOLOGIE,

VICAIRE A PARIS.

P.-S. — Il vient de mourir en France un apologiste de la foi catholique qui a été un modèle, au sein de la société civile, par sa conduite chrétienne aussi bien que par ses nombreux écrits. Il savait si heureusement faire valoir les droits du bon sens, de la saine raison et de la foi au milieu d'un monde livré à toutes les folies de l'impiété!! C'est Auguste Nicloas... La lecture de ses écrits peut faire bien comprendre toute l'importance de l'apologétique à notre époque.

TABLE DES MATIÈRES

NOTIONS SUR L'ASTRONOMIE comprenant :

Un vol. in-12 illustré, 3 fr., franco.
... un vol. in-12, illustré, 3 fr., franco.
... des Planètes, un vol. in-12, illustré, 3 fr., franco.
... et les Comètes, un vol. in-12, illustré, 3 fr., franco.
Monde des Étoiles, un vol. in-12, illustré, 3 fr., franco.

LES INSECTES, leurs métamorphoses, leur structure et leurs mœurs. Un beau vol. in-8, avec gravures, 5 fr., franco.

L'ŒUVRE DES SIX JOURS en face de la Science contemporaine. Un volume in-12, 2 fr., franco.

LE MONDE DES INFINIMENT GRANDS. Nouvelle édition. Un vol. in-12, avec planches, 3 fr., franco.

LE MONDE DES INFINIMENT PETITS. Nouvelle édition. Un vol. in-12, avec planches, 2 fr., franco.

LA VIE APRÈS LA MORT, la Vie future selon le Christianisme et la Science, 9ᵉ édition (30ᵉ mille). Un vol. in-12, 2 fr., franco.

L'ASTRONOMIE A TRAVERS LES AGES, depuis les temps les plus reculés jusqu'aux magnifiques découvertes modernes. Appendice sur les patriarches. Un fort vol. in-12, 3 fr., franco.

Dans la Revue du Monde catholique :

« ... d'erreurs et de préjugés qui se propagent de nos jours avec une rapidité effrayante, beaucoup ... s'imaginer qu'il y a incompatibilité entre la science et la religion ... telles idées s'imaginent volontiers que le sublime du genre est de ... des livres scientifiques dans lesquels le nom de Dieu ne se trouve ... n'était pas écrit en caractères magnifiques dans toutes les œuvres ... catholiques réagissent fortement contre cette tendance impie. Il faut ... de la science d'une main, la religion de l'autre, ils montrent que cette ... incompatibilité ne réside que dans le cerveau de leurs adversaires. C'est à ce titre que nous ... d'applaudir à l'heureuse tentative de M. l'abbé Pioger. Dans une série de volumes, il ... de faire connaître Dieu dans ses œuvres.

... sont écrits avec une élégante simplicité et surtout avec une connaissance exacte des ... astronomiques. Ils sont accompagnés de figures en nombre suffisant pour faire saisir les ... de la constitution physique de ces deux astres. On a peine à comprendre comment les études ... qui nous révèlent à chaque pas les lois merveilleuses qui régissent l'univers ne détermi... ... tous ceux qui s'en occupent, l'existence de l'Intelligence infinie qui en est l'auteur. On ne ... une pareille aberration que par les erreurs et les préjugés qui obscurcissent l'esprit ... de lire dans le grand livre de la nature. » — **DOCTEUR TISON.**

Collection des ouvrages de M. l'abbé Pioger, 11 vol., franco, en gare. ...

GÉOLOGIE ET RÉVÉLATION

HISTOIRE ANCIENNE DE LA TERRE CONSIDÉRÉE A LA LUMIÈRE DES FAITS GÉOLOGIQUES & DE LA RELIGION RÉVÉLÉE

Par le R. P. GÉRALD MOLLOY, Docteur en Théologie

Traduit de l'anglais par M. l'abbé HAMARD
de l'Oratoire de Rennes, Membre de la Société géologique de France

QUATRIÈME ÉDITION FRANÇAISE, CONSIDÉRABLEMENT AUGMENTÉE

Un beau volume in-8, illustré de 43 gravures. — Prix : 6 fr. Par la poste : 6 fr. 75

... dit le journal *Le Monde*, jamais œuvre scientifique n'a joint un intérêt plus vif à une clar... ... L'auteur admet toutes les assertions de la géologie moderne, toutes les con... ... et prouve sans réplique possible qu'aucun des faits acquis n'est en contradi...

DU MÊME AUTEUR :

MONUMENTS MÉGALITHIQUES DE TOUS PAYS. Leur âge et ... par JAMES FERGUSSON, traduit de l'anglais. Un fort vol. in-8, illustré ...

LA PIERRE ET L'HOMME PRIMITIF. Un volume in-12 ... 400 pages, 4 fr., *franco.*

www.ingramcontent.com/pod-product-compliance
Lightning Source LLC
LaVergne TN
LVHW010436060726
842526LV00005B/1839